TARIF POVR LES Droicts de Subuention, sur toutes sortes de Marchandises, de Drogueries & Espiceries, qui seront payez aux Entrées des Villes, Bourgs & Bourgades de ce Royaume, suiuant l'éualuation faite au Conseil du Roy, le 4. Decembre 1641.

A PARIS,
Par P. ROCOLET, Imprimeur & Libraire ordinaire du Roy.
Au Palais, en la Gallerie des Prisonniers, aux armes du Roy, & de la Ville.
M. DC. XLI.
Auec Priuilege de sa Majesté.

P
R

Tarif pour les Droicts de Subuention sur toutes sortes de Marchandises, de Drogueries & Espiceries, qui seront payez aux Entrées des Villes, Bourgs & Bourgades de ce Royaume, suiuant l'éualuation faite au Conseil du Roy, ainsi qu'il ensuit.

ACcacia, le cent pesant payera vingt-cinq sols, cy — xxv. s.

Acorus, le cent pesant payera cinquante-cinq sols, cy — lv. s.

Æustum, le cent pesant payera trente six sols, cy — xxxvi. s.

Agaric, le cent pesant payera trente six sols, cy — xxxvi. s.

Agnus castus, le cent pesant payera trente six sols, cy — xxxvi. s.

Aloës Citrin, le cent pesant payera quatre liures cinq sols, cy — iiii. l. v. s.

Aloës Chicotin, & autres, le cent pesant payera quatre liures, cy — iiii, l.

Aloës moyen, le cent pesant payera cinquāte cinq sols, cy — lv. s.

Amandes, le cent pesant payera dix sols, cy — x. s.

Amatiste, le cent pesant payera quatre liures, cy — iiii. l.

Ambre gris, le cent pesant payera vingt liures, cy — xx. l.

Ambre de toutes sortes, le cent pesant payera soixante sols, cy — lx. s.

Anacardes, le cent pesant payera trente sols, cy — xxx. s.

Angelica, le cent pesant payera vingt-quatre sols, cy — xxiiii. s.

Anis verd, le cent pesant payera douze sols, cy — xii. s.

Anis en graine, le cent pesant payera sept sols 6. d. cy — vii. s. vi. d.

Antimoine preparé, le cent pesant payera soixante dix sols,

cy lxx.ſ.
Antimoine,le cent peſant payera douze ſols,cy xii.ſ.
Antofle,le cent peſant payera quatre liu.cinq ſols,cy iiii.l.v.ſ.
Alun de toutes ſortes,l'vne portant l'autre,le cent peſant payera dix ſols, cy x ſ.
Anil, ou Indefiny de Barbarie,Portugal, Veniſe,ou d'ailleurs, le cent peſant payera l'vn portant l'autre dix liu. cy x.l.
Antré,le cent peſant payera cinquante cinq ſols,cy lv.ſ.
Apios fin,le cent peſant payera dix liures,cy x.l.
Arcançon,le cent peſant payera trois ſols,cy iii.ſ.
Arcanettes,le cent peſant payera vingt ſols,cy xx.ſ.
Arcenic,le cent peſant payera vingt ſols,cy xx.ſ.
Argent vif,le cent peſant payera cinquante ſols,cy l.ſ.
Ariſtoloches, le cent peſant payera dix ſols,cy x.ſ.
Aſſafetida,le cent peſant payera ſoixante ſols,cy lx.ſ.
Aſſarum,le cent peſant payera vingt-huit ſols,cy xxviii.ſ.
Aſſetimum,le cent peſant payera trente ſix ſols,cy xxxvi.ſ.
Aſpalatum,le cent peſant payera ſoixante ſols,cy lx.ſ.
Aſphaltum , le cent peſant payera quatre liures huit ſols , cy iiii.l.viii.ſ.
Aſpiny,ou Eſpine Angeliere,le cent peſanr payera vingt cinq ſols,cy xxv.ſ.
Auelines,le cent peſant payera douze ſols,cy xii.ſ.
Azerbes,le cent peſant payera cent ſols,cy c.ſ.
Azur fin,le cent peſant payera ſept liures dix ſols,cy vii.l.x.ſ.
Azur gros commun d'eſmail aſſorty, le cent peſant payera trente ſols,cy xxx.ſ.
Azur d'eſmail,l'vn portant l'autre,le cent peſant payera trente ſols,cy xxx.ſ.

B.

Baleine,le cent peſant payera douze ſols, cy xii. ſ.
Baloſtre en fleur,le cent peſant payera ſept ſols,cy vii ſ.
Barbotine,le cent peſant payera ſept liu.dix ſols,cy vii.l.x ſ.
Bauge,le cent peſant payera trente ſols,cy xxx.ſ.

Baye

Baye de Laurier, le cent pesant payera sept sols six deniers. cy vii. s. vi d.
Bedelium, le cent pesant payera cent sols, cy c. s.
Beleriez ou Index, la piece payera cinq deniers, cy v. d.
Ben blanc ou rouge, le cent pesant payera vingt sols, cy xx. s.
Boüillon de poix ou piege de toutes sortes, le cent pesant payera huict sols, cy viii. s.
Benjoüin fin, le cent pesant payera cent sols, cy c. s.
Benjoüin gros, le cent pesant payera quinze sols, cy xv. s.
Bezoüard Oriental, la liure payera douze liures, cy xii. l.
Bezoüard de Ponant, la liure payera soixante sols, cy lx. s.
Bigerin de Venise, le cent pesant payera dix sols, cy x. s.
Blanc de plomb, le cent pesant payera douze sols, cy xii. s.
Bois de gayac, le cent pesant payera quatre sols, cy iiii. s.
Bois d'Inde, le cent pesant payea six sols, cy vi. s.
Bois d'Aloës, le cent pesant payera quatre liures dix sols, cy iiii. l. x. s.
Bois de Bursin, le cent pesant payera dix-huict sols, cy xviii. s.
Bois Rouge & Rozat, le cent pesant payera dix sols, cy x. s.
Bonilarmini, le cent pesant payera deux sols six deniers, cy ii. s. vi. d.
Boüiras, le cent pesant payera vnze liures dix sols, cy xi. l. x. s.
Bol fin du Leuant, le cent pesant payera quinze sols, cy xv. s.
Borax l'vn portant l'autre, le cent pesant payera six liures, cy vi. l.
Bresil & toutes autres sortes de bois seruans à faire teintures, le cent pesant payera sept sols six deniers, cy vii. s. vi. d.
Bray le lecth qui est de douze barils petit barillage, payera vn sol, cy i. s.

C

Calamite, le cent pesant payera vingt sols, cy xx. s.
Calamus Aromaticus, le cent pesant payera quinze sols, cy xv. s.

Calamus communi, le cent pesant payera douze sols,
cy xii. s.
Camphre, le cent pesant payera dix liures, cy x. l.
Cane le ou cinamome, le cent pesant payera huict liures,
cy viii. l.
Cantarides, le cent pesant payera trente sols, cy xxx. s.
Capres menuës, le cent pesant payera quinze sols, cy xv. s.
Capres grosses, le cent pesant payera dix sols, cy x. s.
Carabé, ou poudre d'ambre, le cent pesant payera trente-six sols, cy xxxvi. s.
Cardonomy, le cent pesant payera sept liures dix sols,
cy vii. l. x s.
Cardonomy mondé, le cent pesant payera cent sols, cy c. s.
Carpy Balsamy, le cent pesant payera quarante sols, cy xl. s.
Cartamy le cent pesant payera dix sols, cy x. s.
Carny, le cent pesant payera dix sols, cy x. s.
Casse, le cent pesant payera trente-six sols, cy xxxvi. s.
Castonnade, autrement sucre rompu en morceaux, le cent pesant payera cinquante sols, cy l. s.
Castor, le cent pesant payera soixante sols, cy lx. s.
Cedre blanc, le cent pesant payera trente sols, cy xxx. s.
Cedre rouge, le cent pesant payera trente sols, cy xxx. s.
Cereacola, le cent pesant payera soixante-dix sols,
cy lxx. s.
Ceruse fine, ou blanc de plomb, le cent pesant payera douze sols, cy xii s.
Chappelets, ou fust de gerofles, le cent pesant payera cent sols, cy c. s.
Chicotin ou aloës, le cẽt pesant payera quatre liures, cy iiii. l.
Cire d'Espagne, le cent pesant payera quatre liures dix sols,
cy iiii. l. x. s.
Cire Blanche, le cent pesant payera soixante-sept sols six deniers, cy lxvii. s. vi. d.
Cire Iaune, le cent pesant payera soixante sols, cy lx. s.

Cire Vierge neufue, le cẽt peſant payera ſoixãte ſols, cy lx. ſ.
Cire à Cachetter, le cent peſant payera cinquante ſols, cy l. ſ.
Citorat, le cent peſant payera ſix liures, cy vi. l.
Ciroüart ou zedoüart, le cent peſant payera ſix liures, cy vi. l.
Citrons & Grenades, la caiſſe payera vingt ſols, cy xx. ſ.
Ciuette, la liure payera douze liures dix ſols, cy xii. l. x. ſ.
Clouds de Girofles, le cent peſant payera quinze liures, cy xv. ſ.
Cochenille, le cent peſant payera trente liures, cy xxx. l.
Coque de Leuant, le cent peſant payera quarante-cinq ſols, cy xlv. ſ.
Colles de toutes ſortes, le cent peſant payera quinze ſols, cy xv. ſ.
Collombin gros, le cent peſant payera trente ſols, cy xxx. ſ.
Collõbin menu, le cẽt peſant payera dix-huict ſols, cy xviii. ſ.
Colloquinte, le cent peſant payera trente-ſix ſols, cy xxxvi. ſ.
Comin, le cent peſant payera douze ſols, cy xii. ſ.
Compros vert, le cent peſant payera cinq ſols, cy v. ſ.
Compros blanc, le cent peſant payera quinze ſols, cy xv. ſ.
Concombres, le cent peſant payera dix ſols, cy x. ſ.
Coucourdes, le cent peſant payera dix ſols, cy x. ſ.
Confitures de toutes ſortes, le cent peſant payera cinquante ſols, cy l. ſ.
Corail blanc & rouge, fin, le cent peſant payera vnze liures dix ſols, cy xi. l. x. ſ.
Corail blanc & rouge gros, le cent peſant payera cinquante ſols, cy l. ſ.
Corallins le cent peſant payera trente ſols, cy xxx. ſ.
Coriende, le cent peſant payera ſix ſols, cy vi ſ.
Coridomede, le cent peſant payera dix ſols, cy x. ſ.
Corne de Licorne, la liure payera cinquante ſols, cy l. ſ.
Corticum caparicy, le cent peſant payera vingt-cinq ſols,

cy xxv. ſ.

Cortymi lomperis, le cent peſant payera xxv. ſ. cy xxv. ſ.

Coſcus Veras, le cent peſant payera quarante-cinq ſols, cy xlv. ſ.

Coſtes doux & amer, le cent peſant payera quarante-cinq ſols cy xlv. ſ.

Concordes, le cent peſant payera douze ſols, cy xii. ſ.

Cubebes, le cent peſant payera cent ſols, cy c. ſ.

Cucieres, le cent peſant payera cent dix ſols, cy cx. ſ.

D

DAttes, le cent peſant payera vingt ſols, cy xx. ſ.

Dictamus, le cent peſant payera vingt ſols, cy xx. ſ.

Doronicum, le cent peſant payera cinq ſols, cy v. ſ.

Dragées de toutes ſortes, le cent peſant payera ſoixante ſols, cy lx. ſ.

E

EAuë de Nars & Naphle, le cent peſant payera trente ſols, cy xxx. ſ.

Eauë de Fleur d'Orange, le cent peſant payera trente ſols, cy xxx. ſ.

Elebore vray, le cent peſant payera vingt ſols, cy xx. ſ.

Eſmail en canon, le cent peſant payera dix ſols, cy x. ſ.

Elebore blanc & noir, le cent peſant payera quinze ſols, cy xv. ſ.

Emblicqs mirabolans, le cent peſant payera cinquante ſols, cy l. ſ.

Encens gros, le cent peſant payera cinq ſols, cy v. ſ.

Encẽs fin, ou Oliban, le cent peſãt payera trẽte ſols, cy xxx. ſ.

Epitimy, le cent peſant payera quarante ſols, cy xl. ſ.

Eſcorces de Breſil, battuës, la voicture de douze facs, le ſac de quatre meſures payera dix ſols, cy x. ſ.

Eſcorces de Breſil non battu, la voicture payera vn ſol neuf deniers, cy i. ſ. ix. d.

Eſcorces de Tamaris, le cent peſant payera dix ſols, cy x. ſ.

Eſcorces

Escorces de Capres, le cent pesant payera vingt-huict sols, cy xxviii. s.

Escorces de Mandragore, le cent pesant payera soixante sols, cy lx. s.

Escorces de Citrons confits, le cent pesant payera soixante sols, cy lx. s.

Escorces de Gayac, le cent pesant payera dix sols, cy x. s.

Esuelle, le cent pesant payera huict sols, cy viii. s.

Esponges, le cent pesant payera quinze sols, cy xv. s.

Essules, le cent pesant payera dix sols, cy x. s.

Essustum, le cent pesant payera trente six sols, cy xxxvi. s.

Eufforbe, le cent pesant payera vingt sols, cy xx. s.

F

FEnoüil, le cent pesant payera dix sols, cy x. s.

Figues du cru de France, & autres, le cent pesant payera sept sols six deniers, cy vii. s. vi. d.

Fleurs de Violettes, & autres, le cent pesant payera treize sols, cy xiii. s.

Fleurs de Cochenanth, le cent pesant payera soixante dix sols, cy lxx. s.

Fleurées sortans des voisdes pour teintures, le cent pesant payera trois liures, cy iii. l.

Fleurs de souphre, le cent pesant payera soixante sols, cy lx. s.

Florée, le cent pesant payera cent sols, cy c s.

Florum Certamy, ou Saffran bastard, le cent pesant payera quarante-cinq sols, cy xlv. s.

Folij Indy, le cent pesant payera treize liures quinze sols, cy xiii. l. xv. s.

Folium gariofili, le cent pesant payera treize liures quinze sols, cy xiii. l. xv s.

Folium Mallabastre, le cent pesant payera sept liures dix sols, cy vii. l. x. s..

Fragments, le cent pesant payera six liures, cy vi. l

Fuster, le cent pesant payera trois sols six deniers, cy iii.s.vi.d.

G

GAude, seruant aux teintures, le cent pesant payera cinq sols, cy v.s.

Galangal fin, le cent pesant payera cent sols, cy c.s.

Galangal sauuage, le cent pesant payera cinquante sols, cy l.s.

Galbanum, le cent pesant payera soixante sols, cy lx.s.

Galles de toutes sortes, le cent pesant payera vingt sols, cy xx.s.

Galipo, ou gros encens, le cent pesant payera cinq sols, cy v.s.

Garenée, le cent pesant payera quinze sols, cy xv.s.

Gentiane, le cent pesant payera cinq sols, cy v.s.

Gayac, bois & escorce, le cent pesant payera quatre sols, cy iiii.s.

Gingembre, le cent pesant payera quarante sols, cy xl.s.

Girofles de toutes sortes, la liure payera trois sols, cy iii.s.

Glus, le cent pesant payera dix sols, cy x.s.

Gomme de Cedre, le cent pesant payera quarante sols, cy xl.s.

Gomme du pays, le cent pesant payera dix sols, cy x.s.

Gomme animé, le cent pesant payera soixante sols, cy lx.s.

Gomme adragant, le cent pesant payera quarante sols, cy xl.s.

Gomme armoniac, le cent pesant payera quarante cinq sols, cy xlv.s.

Gomme de lierre, le cent pesant payera six liures cinq sols, cy vi.l.v.s.

Gomme elemy, le cent pesant payera quarante sols, cy xl.s.

Gomme tragacans, le cent pesant payera quarante sols, cy xl.s.

Gomme Arabic, le cent pesant payera douze sols, cy xii.s.

Gomme Tacamacha, le cent pesant payera six liures, cy vi.l.

Gomme lacque, le cent pesant payera cinquante sols, cy l.s.

Gomme caragne, le cent pesant payera vnze liures dix sols, cy xi.l.x.s.

Gomme errapin, le cent pesant payera cent sols, cy c.s.

Goultran, le lecth de douze barils, payera trẽte sols, cy xxx.s.

Graine d'écarlatte alkerme, la liure payera deux sols six deniers, cy ii.s.vi.d.

Graine de Paradis, ou Maniquette, le cent pesant payera vingt sols, cy xx.s.

Graine jaune, le cent pesant payera quinze sols, cy xv.s.

Graine de cornes de Cerf, le cent pesant payera dix sols, cy x.s.

Grabeaux de girofles rompus, le cent pesant payera cent sols, cy c.s.

Graye de tonneaux, le cent pesant payera deux sols, cy ii.s.

Grenades & Citrons, la quaisse payera vingt sols, cy xx.s.

Grenas, ou Citrons estraints, le cent pesant payera cent sols, cy c.s.

Gutta gamba, le cent pesant payera vnze liures dix sols, cy xi.l.x.s.

Guede, ou Voide, espece de Pastel, la charretée payera trente sols, cy xxx.s.

Guynée, le cent pesant payera vingt-cinq sols, cy xxv.s.

Guy de chesne, le cent pesant payera vingt sols, cy xx.s.

H

HErbes de Maroquin, le cent pesant payera sept sols six deniers, cy vii.s.vi.d.

Hermodattes, le cent pesant payera vingt-cinq sols, cy xxv.s.

Hyacinte, le cent pesant payera vingt-cinq sols, cy xxv.s.

Hiſpoſquiſtidos, le cent peſant payera trente ſols, cy xxx. ſ.
Houx blanchy, le cent peſant payera douze ſols, cy xii. ſ.
Huille de Camomille, ou Cheneuis, le cent peſant payera dix ſols, cy x. ſ.
Huille de lin, le cent peſant payera dix ſols, cy x. ſ.
Huille de noix, le cent peſant payera dix ſols, cy x. ſ.
Huille de nauette, ou Rabette, le cent peſant payera dix ſols, cy x. ſ.
Huille, ou graiſſe de Ballaine, ou autres poiſſons, le cent peſant payera cinq ſols, cy v. ſ.
Huille d'ollif, le cent peſant payera quinze ſols, cy xv. ſ.
Huille d'Aſpic, le cent peſant payera ſoixante ſols, cy lx. ſ.
Huille de Petrolle, le cent peſant payera ſoixante ſols, cy lx. ſ.
Huille d'amandes douces & ameres, le cent peſant payera quarante ſols, cy xl. ſ.
Huille de Terebantine, le cent peſant payera trente ſols, cy xxx. ſ.
Huille de Romarin, le cent peſant payera trente ſols, cy xxx ſ.
Huille laurin, le cent peſant payera trente ſols, cy xxx. ſ.
Huille de Cade, le cent peſant payera dix ſols, cy x. ſ.
Huille de pommade, le cent peſant payera vingt-huict ſols, cy xxviii. ſ.
Huille Benedic, le cent peſant payera vingt-huict ſols, cy xxviii. ſ.
Huille de Tartare, le cent peſant payera vingt-huict ſols, cy xxviii. ſ.
Huille de Scorpion, le cent peſant payera trente ſols, cy xxx. ſ.
Huille de genevre, le cent peſant payera vingt-cinq ſols, cy xxv. ſ.

I

IAlap, le cent pesant payera dix liures, cy x. l.
Index secs, les quatre payeront vn sol six deniers cy i. s. vi. d.
Ircos, le cent pesant payera dix sols, cy x. s.
Iujubes, le cent pesant payera dix sols. cy x. s.
Iuncus odoratus, le cent pesant payera cent sols, cy c. s.
Ius de limon, le cent pesant payera trente sols cy xxx. s.
Ius de Reglisse, le cent pesant payera trente sols, xxx. s.

L

LAcoa, le cent pesant payera soixante sols, cy lx. s.
Lacque de Venise fine, le cent pesant payera douze liures dix sols, cy xii. l. x. s.
Lacque ronde, le cent pesant payera cent sols, cy c. s.
Lacque platte. le cent pesant payera cent sols, cy c. s.
Lacre, autrement Cire à cacheter, le cent pesant payera cinquante sols, cy l. s.
Lapdanum, le cent pesant payera vingt-huict sols, cy xxviii. s.
Lapis entalis, le cent pesant payera cent sols, cy c. s.
Lapis ematites, le cent pesant payera soixante sols, cy lx. s.
Lapis Iudaicus, le cent pesant payera soixante sols; cy lx. s.
Lapis Lasulis, le cent pesant payera six liures, cy vi. l.
Lapis Calaminaris, le cent pesant payera quinze sols, cy xv. s.
Lierre. le cent pesant payera quinze sols, cy xv. s.
Lignum aloës fin, le cent pesant payera quatre liures dix sols, cy iiii. l. x. s.
Lignum Balsamy, le cent pesant payera soixante-cinq sols, cy lxv. s.

Lignum Caſſié, le cent peſant payera quarante-cinq ſols, cy xlv. ſ.

Litarge d'or, le cent peſant payera dix ſols, x. ſ.

Litarge d'argent, le cent peſant payera cinq ſols, cy v. ſ.

Liege, le cent peſant payera cinq ſols, cy v. ſ.

M

MAcis, le cent peſant payera quinze liures, cy xv. l.

Mandragore, le cent peſant payera trente ſols, cy xxx. ſ.

Maniquettes, ou Graine de Paradis, le cent peſant payera vingt ſols, cy xx. ſ.

Mannes de Calabre, le cent peſant payera ſept liures dix ſols, cy vii. l. x. ſ.

Mannes de Prouence & Dauphiné, le cent peſant payera quatre liures, cy iiii. l.

Marons, le cent peſant payera deux ſols ſix deniers, cy ii. ſ. vi. d.

Mannes de toutes ſortes, le cent peſant payera quatre liures, cy iiii. l.

Marcadoſſin, le cent peſant payera huict ſols, cy viii. ſ.

Marcaſites, le cent peſant payera cinquante ſols, cy l. ſ.

Marmelades, compriſes ſous l'eſpece de confitures, le cent peſant payera ſoixante ſols, cy lx. ſ.

Maſcicot, le cent peſant payera dix ſols, cy x. ſ.

Maſtich, le cent peſant payera ſept liures dix ſols, cy vii. l. x. ſ.

Machnacam, le cent peſant payera cent ſols, cy c. ſ.

Melaſſes, ſortans du ſucre, le tonneau payera trois liures, cy iii. l.

Mirabolans, Amblez, Rebus, Bellieres & Index, ſecqs, le cent peſant payera cinquante ſols, cy l. ſ.

Mirabolans amblicques, & Citrons confits, le cent peſant

payera ſept liures dix ſols, cy vii l.x.ſ.
Mirthes, le cent peſant payera vingt-cinq ſols, cy xxv. ſ.
Miel de toutes ſortes, le cent peſant payera dix ſols, cy x.ſ.
Mirthilles, le cent peſant payera quinze ſols, cy xv. ſ.
Mitridat, le cent peſant payera quarante ſols, cy xl.ſ.
Momie, le cent peſant payera quatre liures, cy iiii. l.
Moulée pour taindre, le baril payera deux ſols ſix deniers, cy ii. ſ. vi. d.
Muſcades rompus, le cent peſant payera quatre liures dix ſols, cy iiii. l. x ſ.
Muſcades, le cent peſant payera dix liures, cy x.l.
Muſq, la liure payera quinze liures, cy xv. l.

N

NAture de Ballaine, le cent peſant payera ſept liures dix ſols, cy vii.l. x.ſ.
Nigella griſe, le cent peſant payera vingt-cinq ſols, cy xxv. ſ.
Nigella noire, le cent peſant payera vingt-cinq ſols, cy xxv. ſ.
Noix d'Inde, le cent en nombre payera vingt-cinq ſols, cy xxv.ſ.
Noix de Cipre, le cent peſant payera trente ſols, cy xxx.ſ.
Noix de Galles, le cent peſant payera vingt ſols, cy xx.ſ.
Noix vomiques, le cent peſant payera trente ſols, cy xxx.ſ.

O

OCre, ou croye blanche, jaune, noire, ou rouge, le baril payera deux ſols, cy ii. ſ.
Oliban, le cent peſant payera trente ſols, cy xxx. ſ.
Olliues d'Eſpagne, le cent peſant payera cinq ſols, cy v ſ.
Olliues du creu de France le cent peſant payera cinq ſols, cy v. ſ.

Olliues de Gennes, Prouence & Languedoc, le cent pesant payera cinq sols, cy v. s.

Orpiman, le cent pesant payera vingt sols, cy xx. s.

Oppoponax, le cent pesant payera soixante-dix sols, cy lxx. s.

Oranges, la quaisse payera deux sols, cy ii. s.

Orcanettes, le cent pesant payera vingt sols, cy xx. s.

Orseille en herbe, mise en balle & non accoustrée, le cent pesant payera dix sols, cy x. s.

Orseille en balle, preste & accoustrée, le cent pesant payera vingt sols, cy xx. s.

Os de cœur de cerf, le cent pesant payera vingt sols, cy xx. s.

Os de Seiches, le cent pesant payera dix sols, cy x. s.

P

PAnse d'asne, le cent pesant payera vingt-quatre sols, cy xxiiii. s.

Passepierre, le cent pesant payera cinq sols, cy v. s.

Pastel, ou poudre de Guede, le cent pesant payera sept sols six deniers, cy vii. s. vi. d.

Pastel ou Poudre d'escarlate, le cent pesant payera dix sols, cy x. s.

Pannelles de Chipre, ou Sucre rouge en poudre, le cent pesant payera trente sols, cy xxx. s.

Pruneaux de toutes sortes, le cent pesant payera trois sols, cy iii. s.

Parelles en terre, le cent pesant payera trois sols, cy iii. s.

Parelles en teinture du pays, le cent pesant payera cinq sols, cy v. s.

Petum ou Tabac de toutes sortes, le cent pesant payera vingt sols, cy xx. s.

Pierre Ponsse, le cent pesant payera dix sols, cy x. s.

Pignons,

Pignons, le cent peſant payera vingt-cinq ſols, cy xxv. ſ.
Pirette, le cent peſant payera vingt ſols, cy xx. ſ.
Piſtaches, le cent peſant payera cinquante ſols, cy l. ſ.
Poix blanche & noire, le cent peſant payera cinq ſols, cy v. ſ.
Poix raiſine, le cent peſant payera trois ſols, cy iii. ſ.
Poyures de toutes ſortes, le cent peſant payera ſoixante-dix ſols, cy lxx. ſ.
Poudres de Violettes, le cent peſant payera quatre liures dix ſols, cy iiii. l. x. ſ.
Poudres de Cypre, le cent peſant payera dix liures, cy x. l.
Pourcelaines, le cent peſant payera ſoixante-dix ſols, cy lxx. ſ.

Q.

QVingrane à faire peintures, le cent peſant payera ſix ſols, cy vi. ſ.

R

RAdix dictamini, le cent peſant payera cinquante ſols, cy l. ſ.
Raiſins & figues du creu de France, le cent peſant payera ſept ſols ſix deniers, cy vii. ſ. vi. d.
Raiſins de Damas, le cent peſant payera vingt ſols, cy xx. ſ.
Raiſins de Corinthe, le cent peſant payera quinze ſols, cy xv. ſ.
Reſura eboris, autrement Raclures d'yuoire, le cent peſant payera quinze ſols, cy xv. ſ.
Reagal, le cent peſant payera trente ſols, cy xxx. ſ.
Regliſſe, le cent peſant payera ſix ſols, cy vi. ſ.
Reſponty, la liure payera ſept ſols ſix deniers, cy vii. ſ. vi. d.
Ris, le cent peſant payera dix ſols, cy x. ſ.

Roche de Borax, le cent pesant payera six liures, cy vi. l.
Romarin, le cent pesant payera dix sols, cy x. s.
Roucou, le cent pesant payera cinquante sols, cy l. s.
Rozes, le cent pesant payera quarante sols, cy xl. s.
Rozes de Prouins, le cent pesant payera quarante sols, cy xl. s.
Rozelle, le cent pesant payera trente liures, cy xxx. l.
Rozette de Borax, le cent pesant payera six liures, cy vi. l.
Rubarbes, l'vne portant l'autre, la liure payera huict sols, cy viii. s.
Rupontique, le cent pesant payera sept sols six deniers, cy vii. s. vi. d.

S

SAffran du creu de France de toutes sortes, le cent pesant payera trente liures, cy xxx. l.
Saffran Bastard, le cent pesant payera quarante-cinq sols, cy xlv. s.
Sacapin, le cent pesant payera cent sols, cy c. s.
Sel armoniac, le cent pesant payera soixante-quinze sosl, cy lxv s.
Sel nittre, le cent pesant payera vingt-cinq sols, cy xxv. s.
Sel gemme, le cent pesant payera vingt-cinq sols, cy xxv. s.
Sel de verre, le cent pesant payera quinze sols, cy xv. s.
Sang de Dragon fin, le cent peāst payera neuf liures, cy ix. l.
Sang de Dragon moyen, le cent pesant payera quarante sols, cy xl. s.
Sang Darrac, le cent pesant payera quinze sols, cy xv. s.
Sandal, le cent pesant payera quarante sols, cy xl. s.
Salpestre, le cent pesant payera trente-six sols neuf deniers, cy xxxvi. s. ix. d.
Sandal blanc, le cent pesant payera quarante sols, cy xl. s.
Sandal rouge, le cent pesant payera cinquante sols, cy l. s.

Sandal Citrin, le cent pesant payera quatre liures, cy iiii.l.
Sarcocole, le cent pesant payera soixante-dix liures, cy lxx.l.
Sauon blanc, façon de France, le cent pesant payera quinze sols, cy xv.s.
Sauon de Castres, de gayet, & autres lieux, le cent pesant payera vingt-cinq sols, cy xxv.s.
Sauon noir liquide de toutes sortes, le cent pesant payera dix sols, cy x.s.
Saxafra, le cent pesant payera trente sols, cy xxx.s.
Saxefrage, le cent pesant payera dix sols, cy x.s.
Scamonée, la liure pesant payera neuf sols, cy ix.s.
Saussisons de toutes sortes, le cent pesant payera cinquante sols, cy l.s.
Scoenanth en paille, le cent pesant payera trente-cinq sols, cy xxxv.s.
Scorticum caparis, le cēt pesant payera trente sols, cy xxx.s.
Sebestes, le cent pesant payera vingt sols, cy xx.s.
Salse pareille, le cent pesant payera quarante-cinq sols, cy xlv.s.
Semen Cartamini, le cent pesant payera dix sols, cy x.s.
Semen Dossy, le cent pesant payera dix sols, cy x.s.
Semen contract, le cent pesant payera sept liures dix sols, cy vii.l.x.s.
Semen de Carin, le cent pesant payera dix sols, cy x.s.
Semence de saulge, le cent pesant payera dix sols, cy x.s.
Semence de Venic, le cent pesant payera quarante-cinq sols, cy xlv.s.
Semence de perles, la liure payera cinquante sols, cy l.s.
Semorac, le cent pesant payera dix sols, cy x.s.
Senegre du creu de France, le cent pesant payera vn sol neuf deniers, cy i.s.ix.d.
Sené du Leuant, le cent pesant payera cent sols, cy c.s.
Sarcooble, le cent pesant payera cent sols, cy c.s.

Sipery, le cent peſant payera dix ſols, cy x. ſ.
Soulphre vif & gris, le cent peſant payera dix ſols, cy x. ſ.
Soulphre commun ou noir, le cent peſant payera cinq ſols, cy v. ſ.
Spermacety, le cent peſant payera ſept liures dix ſols, cy vii. l. x. ſ.
Sperme de Ballaine, le cent peſant payera ſept liures dix ſols, cy vii. l. x. ſ.
Spica Seltica, le cent peſant payera quarante-cinq ſols, cy xlv. ſ.
Spica Nardy, le cent peſant payera neuf liures dix ſols, cy ix. l. x. ſ.
Spica ſemence, le cent peſant payera quarante ſols, cy xl. ſ.
Spodes, le cent peſant payera trente ſols, cy xxx. ſ.
Seguille Marine, le cent peſant payera dix ſols, cy x. ſ.
Squinants, le cent peſant payera trente ſols, cy xxx. ſ.
Stafiſaigre, le cent peſant payera dix ſols, cy x. ſ.
Sticades ſucrin, le cent peſant payera vingt-cinq ſols, cy xxv. ſ.
Sticades, le cent peſant payera vingt-cinq ſols, cy xxv. ſ.
Sticades arabic, le cent peſant payera vingt-cinq ſols, cy xxv. ſ.
Stuix, le cent peſant payera ſix liures, cy vi. l.
Stuies, le cent peſant payera ſix liures, cy vi. l.
Storax calamus, le cent peſant payera cent ſols, cy c. ſ.
Storax liquide, le cent peſant payera trente ſols, cy xxx. ſ.
Storax rouge, le cent peſant payera ſoixante ſols, cy lx. ſ.
Sumac du creu de France à faire teintures, le cent peſant payera cinq ſols, cy v. ſ.
Sucreries de toutes ſortes, le cent peſant payera ſoixante ſols, cy lx. ſ.

Talcq

T

TAlch de Venise, le cent pesant payera soixante sols, cy lx. s.

Talecq, le cent pesant payera soixante sols, cy lx. s.

Tamarins, le cent pesant payera quarante sols, cy xl. s.

Terra merita, le cent pesant payera vingt-cinq sols, cy xxv. s.

Terre de Moullard, le baril payera vn sol, cy i. s.

Terre rouge, le cent pesant payera vn sol six deniers, cy i. s. vi. d.

Tercq, le baril payera dix sols, cy x. s.

Terebentine de Venise, le cent pesant payera quarante sols, cy xl. s.

Terebentine commune, le cent pesant payera sept sols, cy vii. s.

Tiercelin, la piece payera dix sols, cy x. s.

Tornesol en drapeau & liquide, le cent pesant payera vingt sols, cy xx. s.

Turbit, la liure payera deux sols six deniers, cy ii. s. vi. d.

Tutie, le cent pesant payera soixante dix sols, cy lxx. s.

Tourtes de nauette, rauette, & de lin, le millier en nombre payera douze sols, cy xii. s.

Tourtes de noix, le millier en nombre payera dix-huict sols, cy xviii. s.

V

VErt de vessie, le cent pesant payera quarante-cinq sols, cy xlv. s.

Verdet, ou vert de gris, le cent pesant payera trente-six sols, cy xxxvi. s.

Vermillon, le cent pesant payera soixante quinze sols,

F

cy lxxv. ſ.

Vernis à peindre, le cent peſant payera trente ſols, cy xxx. ſ.

Vifargent, le cent peſant payera cinquante ſols, cy l. ſ.

Vitriol, ou couperoſe vert & blanc, le cent peſant payera quinze ſols, cy xv. ſ.

Vſblat, autrement colle de poiſſons, le cent peſant payera trente ſols, cy xxx ſ.

Vueſtum, le cent peſant payera trente ſols, cy xxx. ſ.

Voide ou guede, la charrete payera trente ſols, cy xxx. ſ.

A la charge que deſduction ſera faite ſur toutes les marchandiſes contenuës au preſent Tarif, de quatre liures pour chacun cent peſant, à cauſe des quaiſſes, tonneaux, cerpilleres, cordes & cordages, pailles, cartes, toilles, & tous autres emballages.

Fait & arreſté au Conſeil d'Eſtat du Roy, tenu pour ſes Finances à Paris, le quatrieſme iour de Decembre mil ſix cens quarante-vn. Signé, LE RAGOIS.

Extraict des Regiſtres du Conſeil d'Eſtat.

LE Roy en ſon Conſeil s'eſtant fait repreſenter ſa Declaration du 8. Ianvier dernier, faite pour la leuée par forme de Subuention generale du droict de Vingtiéme denier ſur toutes ſortes de Marchandiſes & Danrées à l'entrée des Villes, Bourgs & Bourgades de ce Royaume, enſemble le Tarif qui en a eſté arreſté audit Conſeil ledit iour 8. Ianvier; Il auroit eſté recõneu qu'entr'autres marchandiſes compriſes dans le dit Tarif, il y en a pluſieurs qui s'y trouuent employées en trois ou quatre diuers endroits, ſous differentes lettres & à des prix tous differents: Qu'outre ce, pluſieurs ſortes de danrées ſont compriſes dans le dit Tarif, ſous le tiltre de marchandiſes qui y ſont vne autre-fois repetées ſous le tiltre des Drogueries & Eſpiceries, auec des prix & eſtimations differentes: Que d'autres marchandiſes employées dans ledit Tarif n'y ſont point du tout eſtimées: Et au lieu que le prix en deuoit eſtre arreſté pour regler le droict que leſdites danrées & marchandiſes doiuent payer, il eſt dit qu'elles ſeront eſtimées ſelon qu'elles vallent dans les Prouinces par leſquelles elles paſſeront, qui eſt en effect laiſſer la leuée dudit droict à la diſcretion de ceux qui le reçoiuent: Et qui plus eſt, les impreſſions qui ont eſté faites dudit Tarif ſe trouuent differentes, & les eſtimations des marchandiſes faites à diuers prix: Ce qui pouuoit cauſer de grands deſordres & confuſions dans les Prouinces, & donner occaſion à ceux qui ſont Commis à la perception deſdits droicts, de commettre des exactions, & de leuer plus qu'il ne leur eſt permis. A quoy eſtant neceſſaire de pouruoir, ſa Majeſté auroit fait faire pluſieurs Tarifs particuliers, ſelon la difference des danrées & marchandiſes, conformément aux deſcharges & moderations ordonnées, tant par les Arreſts & Reglemens dudit Conſeil, que par les Ordonnances des Commiſſaires qui ont eſté à cette fin deputez, affin que chacun puiſſe ſçauoir ce qu'il doit payer pour ledit droict de Subuention, ſans que ceux qui ſont Commis à la perception d'iceluy en puiſſent abuſer. Veu leſdits Arreſts & Reglemens du Conſeil, & les Ordonnances deſdits Commiſſaires, enſemble ledit Tarif du 8. Ianvier dernier; LE ROY EN SON CONSEIL, a ordonné & ordonne, que les Tarifs ce jourd'huy arreſtez audit Conſeil, ſeront executez ſelon leur forme & teneur, & conformément à iceux les droicts de la Subuention generale ſeront leuez & perceus ſur les marchandiſes & danrées y contenües. A fait & fait ſa Maieſté tres-expreſſes inhibitions & deffences aux Fermiers de ladite Subuention, & leurs Cōmis de ſe ſeruir à l'aduenir dudit Tarif du 8. Ianvier dernier, ny de perçeuoir les droicts de ladite Subuention, sur autres Tarifs que ceux qui ont esté ce jourd'huy arrestez audit Conseil, & qui auront esté imprimez par ROCOLET, Imprimeur du Roy, & certifiez par Blaise, à peine de concussion, & de trois mil liures d'amende : Et fait deffences à tous autres Imprimeurs de l'Imprimer, & à tous Libraires & Colporteurs de plus exposer en vente, ny débiter ledit Tarif du 8. Ianvier, à peine de punition corporelle, & de cent liures d'amende: Et en cas de contrauentiõ, & que lesdits Fermiers ou leurs Cõmis se trouuẽt leuer plus grãds droits que ceux qui sont portez par lesdits Tarifs arrestez ce jourd'huy; VEVT, & ordonne sadite Maiesté, que par les Cõmissaires députez dans les Prouinces pour l'establissement dudit droict de Subuention, ou en leur absence par les Iuges ordinaires des lieux, le procez soit fait & parfait aux coulpables. Enjoint sadite Majsté ausdits Commissaires de tenir la main à l'execution desdits Tarifs, qui leur seront à cette fin enuoyez. Fait au Conseil d'Estat du Roy, tenu à Paris le 4. jour de Decembre 1641.

Signé, LE RAGOIS.

Collationné aux Originaux par moy Conseiller, Secretaire du Roy & de ses Finances.

Ie soubsigné Commis par l'Arrest cy-dessus, certifie que le present Tarif a esté imprimé par ROCOLET Imprimeur du Roy, suiuant & conformément à l'original arresté au Conseil le 4. Decembre 1641.

www.ingramcontent.com/pod-product-compliance
Lightning Source LLC
LaVergne TN
LVHW050508160826
845677LV00003B/1007

* 9 7 8 2 3 2 9 6 2 7 7 4 8 *